VOL.4

핵심만 배우는 골프

벙커, 퍼팅 편

김해천 지음

BUNKER & PUTT

싸이프레스

PROLOGUE

"Practice Makes Perfect!"

이 말은 골프와 가장 어울리는 격언일 것이다.

골프를 잘하기 위해서는 끊임없는 연습 외에 왕도가 없다는 뜻이다. 하지만 필자는 이 말에 전적으로 동의하지는 않는다. 무작정 하는 연습은 자칫 나쁜 습관이 몸에 배어 가게 할 뿐만 아니라 시간도 많이 소비될 수 있기 때문이다. 하지만 올바른 방법으로 믿음을 가지고 연습하는 골퍼에게는 고수로 가는 길이 그리 멀지만은 않다고 확신한다.

현대사회에는 인터넷 등을 통해 골프스윙에 관한 수많은 정보가 넘쳐 나고 있고, 코치마다 각기 다른 교습법으로 가르치는 것을 볼 수 있다. 그러다 보니 골프스윙에 대한 설명과 방법이 너무나 다양해지고 복잡해지는 것을 알 수 있다. 그러나 골프스윙을 복잡하게 이해하게 되면 골프가 더 어려워 질 수밖에 없고 습득하는 데에도 더 오랜 시간이 걸리게 된다. 결국 자신의 동작으로 표현하기 어려운 실전과 동떨어진 이론의 덫에 사로잡혀 더 이상 골프가 향상되지 않고 좌절만 반복되는 모습을 보게 된다.

필자가 추구하는 골프는 스윙을 단순히 익히는 것이다. 간단히 배우고 쉽게 반복할 수 있는 그런 스윙 말이다. 스윙이 단순해지면 샷에 대한 일관성이 좋아지고 예측 가능한 샷을 할 수 있기 때문에 자신감이 높아진다. 골프는 자신감만 좋아지면 엄청난 실력 향상을 경험하게 된다. 이러한 개념이야말로 현대시대의 골퍼들이 가장 갈망하고 필요한 부분일 것이다.

골프를 단순히 익히기 위해서는 많은 지식을 필요로 하는 수준 높은 이론적인 교습보다는 쉽게 따라할 수 있는 핵심적인 동작을 확실하게 습득하는 것이 도움이 된다. 이런 맥락에서 필자는 이 책을 통하여 골프에서 꼭 필요한 핵심 내용을 간결하게 설명하고, 핵심 동작들을 큰 사진으로 보여줌으로써 스스로 쉽게 이해하며 익힐 수 있는 데 초점을 맞추어 구성했다. 또한 초보자들에게는 양식 있는 골퍼로 성장하기 위해 꼭 알아야 하는 기초적인 골프 상식도 수록하였다.

이 책은 「아이언」, 「드라이버, 우드, 하이브리드」, 「어프로치」, 「벙커, 퍼팅」 등 총 4권의 시리즈 형식으로 구성되었다. 그리고 각 권에서 골퍼들이 꼭 알아야 하는 핵심 포인트만 압축하여 화보 형식으로 구성하고 설명은 최대한 간결하게 실었다. 이 시리즈가 골프에 열정이 있는 골퍼들에게 큰 도움이 되기를 간절히 바란다.

김해천

CONTENTS

Prologue

 **PART 01 벙커 샷, 이것만 알면 두려울 게 없다**

샌드웨지는 벙커 샷을 위한 맞춤 클럽이다 / 10
어드레스를 할 때는 스탠스와 클럽페이스를 오픈시켜라 / 12
그린 주변 벙커 샷은 발끝 라인을 따라가는 궤도로 스윙하라 / 14
벙커 샷은 모래를 적게 떠내는 샷을 구사하라 / 16
부드럽고 가는 모래는 얇고 넓게, 굵고 딱딱한 모래는 깊고 좁게 떠내라 / 18
오르막 벙커에서는 어깨선을 경사면에 맞추고 클럽페이스를 오픈시키지 마라 / 20
벙커 절벽에 볼이 박히면 코킹을 많이 해서 볼 아래를 강하게 내려쳐라 / 22
내리막 벙커에서는 경사면을 따라 클럽헤드를 길게 진행시켜라 / 24
에그 프라이가 되었다면 볼 주위 함몰된 모래를 전부 퍼내라 / 26
30미터 이상 벙커 샷은 갭웨지를 사용하라 / 28
페어웨이 벙커 샷은 볼만 살짝 걷어내듯이 쳐라 / 30
벙커 샷 감각을 높여주는 연습법 / 32

PART 02 퍼팅, 이것만 알면 5타는 줄일 수 있다

퍼팅 어드레스, 8가지만 지켜라 / **36**
어깨에서부터 시계추처럼 움직여라 / **38**
스트레이트 퍼팅을 잘하려면 왼손목을 고정하고 궤도를 직선으로 하라 / **40**
숏퍼팅은 방향을 롱퍼팅은 거리를 맞춰라 / **42**
숏퍼트를 잘하려면 기본기를 지켜라 / **44**
숏퍼트를 자주 놓치면 크로스 핸드 그립을 시도하라 / **46**
숏퍼팅 입스를 극복하라 / **48**
롱퍼트를 할 때는 터치감에 집중하라 / **50**
롱퍼트를 할 때 3퍼트를 방지하라 / **52**
내리막 경사에서는 물이 흘러가는 길을 상상하라 / **54**
오르막 경사에서는 과감하게 쳐라 / **56**
옆경사에서는 상상한 커브선의 가장자리로 쳐라 / **58**
옆경사에서는 스피드가 빠르면 더 작게, 느리면 더 크게 휜다 / **60**
퍼팅은 무조건 홀보다 길게 쳐라 / **62**
성공 확률이 높은 퍼팅 라인을 찾아라 / **64**
볼을 일정하게 굴리는 요령을 터득하라 / **66**
퍼팅을 잘 할 수 있는 연습법 / **68**

골프용어 / **70**

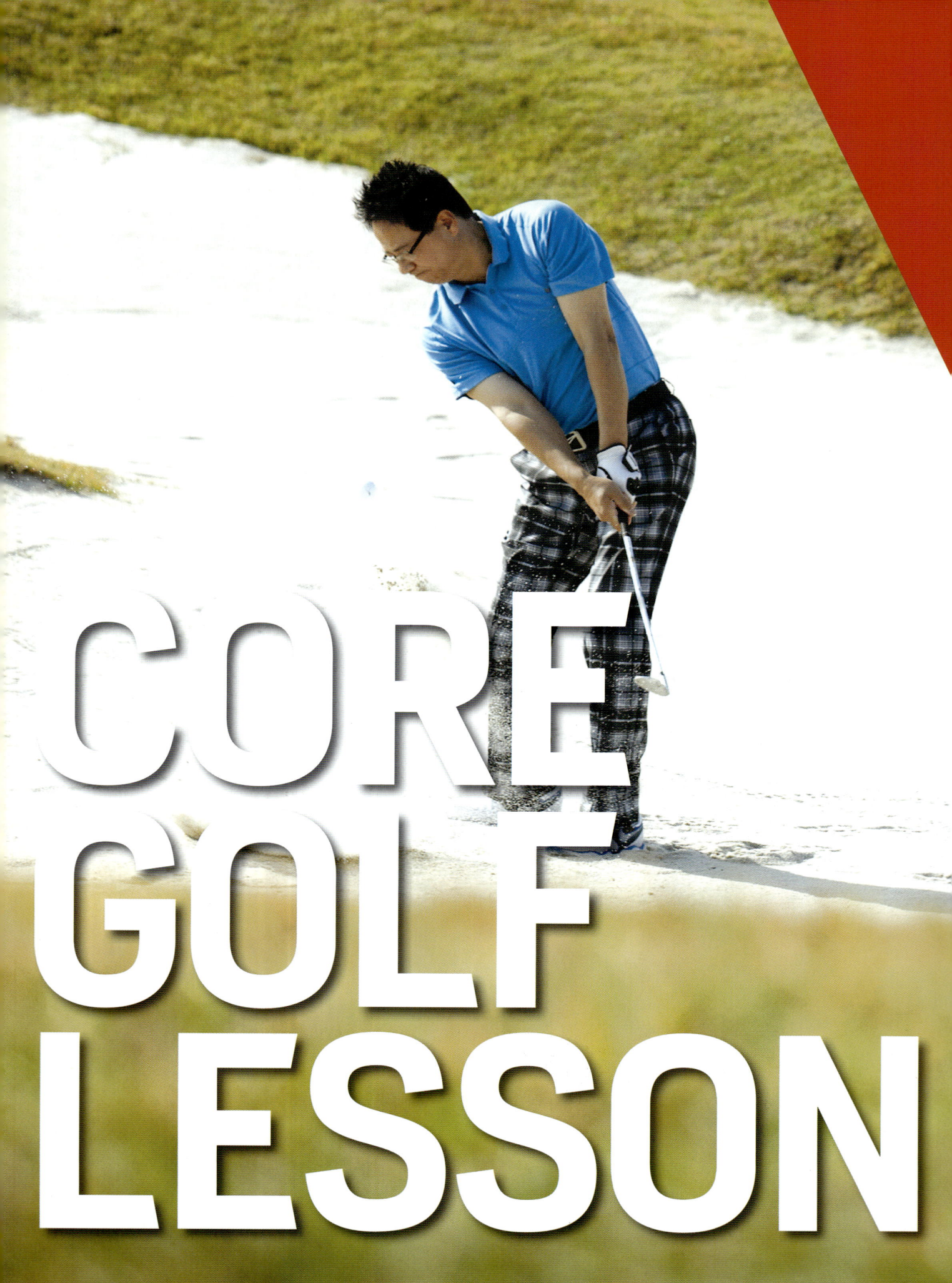

BUNKER SHOT

벙커 샷, 이것만 알면
두려울 게 없다

클럽

샌드웨지는 벙커 샷을 위한 맞춤 클럽이다

샌드웨지는 클럽헤드의 바닥 부분이 두툼하고 리딩에지(Leading Edge)보다 클럽헤드 바닥의 맨 아랫부분인 트레일링 에지(Trailing Edge)가 더 낮은 것이 특징이다. 클럽헤드를 바닥에 댈 때 바닥과 두 에지의 연장선이 이루는 각도를 바운스(Bounce)라고 하는데, 그 각도는 일반 샌드웨지의 경우 12~14도 정도이다. 일반 클럽은 샷을 할 때 리딩에지가 바닥에 닿지만 샌드웨지는 리딩에지가 아닌 솔(Sole)의 가장 낮은 부분, 즉 트레일링 에지가 모래에 닿는 것이다. 벙커 샷을 할 때 볼 뒤 모래를 리딩에지로 치면 클럽이 모래에 박혀서 탈출하기 어렵지만 트레일링 에지로 치면 클럽이 잘 튕겨 나오게 된다. 바로 이점이 샌드웨지의 특성이며 이점을 잘 이해하고 벙커 샷을 하면 전혀 두려울 게 없다.

샌드웨지 클럽페이스의 날 앞부분을 리딩에지라 하며, 어드레스 때 이 부분은 지면에서 떨어져 있다.

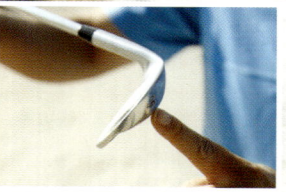

샌드웨지 클럽헤드 바닥(솔)의 맨 아랫부분을 트레일링 에지라 하며, 어드레스 때 이 부분은 지면에 닿게 된다.

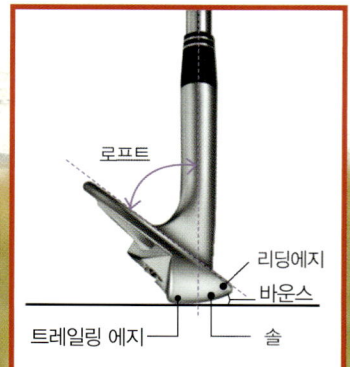

샌드웨지로 어드레스 했을 때 지면과 두 에지의 연장선이 이루는 각도를 바운스라고 하며, 바운스가 클수록 클럽이 지면에서 잘 튕겨 나간다.

PART 01 BUNKER SHOT

리딩에지로 모래를 치면 클럽헤드가 모래 속 깊이 박히기 때문에 퍼내는 모래양도 많아지고 저항도 심해져서 클럽헤드 스피드가 급격히 줄어든다.

트레일링 에지로 모래를 치면 적당량의 모래만 떠내게 되고 클럽헤드가 모래로부터 잘 튕겨 나오게 된다.

ADDRESS

어드레스

어드레스를 할 때는 스탠스와 클럽페이스를 오픈시켜라

- 양손의 위치는 몸의 중심이다.
- 체중은 왼발에 조금 더 싣는다.
- 스탠스를 오픈시킨다.
- 볼은 스탠스 중앙이나 약간 왼쪽에 둔다.
- 클럽페이스를 오픈시킨다.

PART 01 BUNKER SHOT

벙커 샷은 의도적으로 볼 뒤 모래를 쳐서 그 모래가 볼을 이동시키는 샷이기 때문에 어드레스가 일반 어프로치와는 약간 다르다. 먼저 두발을 모래에 비벼 하체를 안정시킨 다음 볼은 스탠스 중앙이나 약간 왼쪽에 두고 체중은 60% 이상 왼발에 싣는다. 이때 중요한 것은 스탠스를 오픈시키고 그 오픈된 각도만큼 클럽페이스도 오픈시킨다는 점이다. 스탠스를 오픈시키면 몸이 타깃 방향보다 왼쪽을 향해 정렬되지만 클럽페이스도 그만큼 열고 샷을 하면 볼은 똑바로 나아가게 된다. 또한 클럽페이스를 오픈시키면 바운스 각도도 커져서 클럽헤드가 모래에서 쉽게 튕겨져 나올 수 있다. 그러나 클럽페이스를 오픈시키기 않으면 클럽헤드가 모래에 깊이 박혀 저항이 심해지고 탈출을 하더라도 왼쪽으로 가거나 많이 구르게 된다.

벙커 샷을 할 때는 스탠스를 오픈시킨 만큼 클럽페이스도 오픈시켜야 한다. 클럽페이스를 오픈시키면 바운스 각도가 커지기 때문에 클럽헤드가 모래에서 쉽게 튕겨 나온다.

스탠스를 오픈시키지 않고 목표 방향과 평행하게 서면 클럽헤드가 고래 깊숙이 박혀 저항이 심해지고, 볼이 탈출하더라도 왼쪽으로 많이 구르게 된다.

두 발은 모래에 비벼 넣어 스탠스를 안정시킨다.

스탠스 방향 목표 방향 스윙 방향

SWING

스윙

그린 주변 벙커 샷은 발끝 라인을 따라가는 궤도로 스윙하라

벙커 샷의 백스윙은 몸의 회전보다는 팔과 손을 이용하여 가파르게 하고 손목코킹을 자연스럽게 해주는 것이 좋다. 그리고 다운스윙 궤도는 스탠스의 발끝 라인을 따라 '아웃-투-인'으로 하고, 임팩트 때 클럽헤드가 손보다 먼저 나아가는 느낌으로 볼 뒤 5~8cm 지점을 쳐서 클럽헤드가 볼 밑으로 지나가도록 해야 한다. 임팩트 후에는 릴리스를 억제해서 클럽헤드가 돌아가지 않게 하고 체중이동도 많이 하지 않는다. 여기서 가장 중요한 부분은 다운스윙 궤도이다. 클럽페이스를 오픈시킨 채 양발의 발끝을 잇는 라인을 따라 '아웃-투-인'으로 모래를 쳐야 리딩에지가 아닌 클럽헤드의 바닥(솔) 부분이 모래를 치게 되어 깊이 들어가지 않고 잘 미끄러져 나오며 볼도 부드럽게 뜨게 된다.

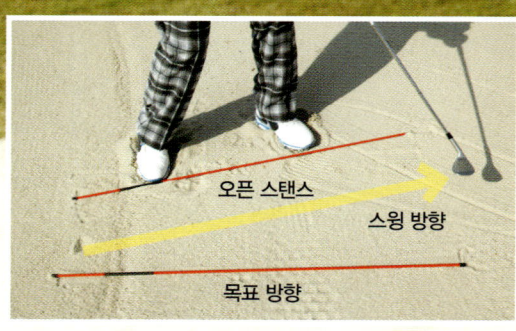

벙커 샷의 다운스윙 궤도는 양발 끝을 잇는 토우라인을 따라 '아웃-투-인'으로 진행되어야 한다.

보통 숏게임을 할 때는 임팩트 때 손이 클럽헤드보다 앞서지만, 벙커 샷에서는 반대로 클럽헤드가 손보다 앞서게 치면 효과적이다.

PART 01 BUNKER SHOT

벙커 샷에서는 양팔이 돌아가는 로테이션 동작을 억제해야 탈출이 쉬워진다. 따라서 임팩트 후 클럽페이스가 하늘을 향하는 느낌으로 해야 한다.

임팩트 후 양팔이 돌아가면 볼이 낮게 뜨고 왼쪽으로 날아가게 된다.

클럽페이스를 오픈시킨 채 양발의 토우라인을 따라 '아웃-투-인'으로 치면 클럽이 모래에 깊이 박히지 않고 잘 미끄러져 나오므로 볼도 부드럽게 뜬다.

일반 샷과 같이 '인-투-인' 궤도로 치면 리딩에지가 도래를 깊이 파고 들어가기 때문에 모래 저항 때문에 볼이 충분히 날아가지 못한다.

벙커 샷 연속 동작

1

2 백스윙은 손목코킹을 이용하여 가파르게 한다.

3 상체의 높이를 일정하게 유지하면서 상체 위주로 백스윙톱까지 간다.

4 토우라인을 따라 클럽의 바닥(솔) 부분으로 볼 뒤 5~8cm 지점을 과감하게 때린다.

5 과도한 몸통 회전을 자제하고 피니시를 안정되게 한다.

SWING

스윙
벙커 샷은 모래를 적게 떠내는 샷을 구사하라

현대 골프의 벙커 샷 테크닉은 과거보다 상당히 발전하였다. 과거에는 벙커 샷을 할 때 볼 뒤 모래를 강하게 쳐서 폭발시키듯이 모래를 많이 퍼내는 익스플로전 샷(Explosion Shot)을 주로 구사했다. 그러나 모래를 많이 퍼내는 만큼 탈출은 쉽지만 저항력도 강해서 홀에 가깝게 붙이기가 어렵다는 단점이 있었다. 그러나 요즘에는 클럽페이스를 더 오픈시키고 스윙을 '아웃-투-인'으로 해서 볼과 더 가까운 지점을 얇게 쳐서 모래의 양을 더 적게 떠내는 샷, 즉 스플래시 샷(Splash Shot)을 많이 하는 추세이다. 이 샷은 모래의 저항이 적어서 거리 컨트롤이 더 쉽기 때문에 핀에 정교하게 붙일 수 있다는 장점이 있다.

클럽페이스를 더 오픈시킨다.

볼 뒤 가까운 지점을 때린다.

현대 골프의 벙커 샷은 클럽페이스를 더 오픈시키고 '아웃-투-인' 궤도로 볼에 더 가까운 지점을 쳐서 모래를 적게 떠내는 샷을 구사하는 추세이다. 이 샷의 장점은 모래의 저항이 적어 볼이 더 잘 뜨고 거리도 충분히 간다는 점이다.

PART 01 BUNKER SHOT

클럽페이스가 덜 오픈되었다.

볼 뒤 약간 먼 지점을 강하게 때린다.

과거에는 모래를 강하게 쳐서 폭발시키듯이 치는 벙커 샷을 주로 구사했는데, 이 샷은 모래의 저항을 많이 받아 거리 조절이 어렵다는 단점이 있다.

SWING

스윙

부드럽고 가는 모래는 얇고 넓게, 굵고 딱딱한 모래는 깊고 좁게 떠내라

벙커 샷은 모래의 특성에 따라 치는 방법도 달라야 한다. 골프장의 기후 및 조건에 따라 모래의 질이 다르기 때문에 특성을 파악해서 모래 상태에 알맞은 벙커 샷을 구사해야 한다. 가늘고 부드러운 모래에서는 클럽페이스를 많이 오픈시키고 손목을 유연하게 사용해서 U자형 아크를 그리며 모래를 얇고 넓게 떠내야 한다. 반대로 굵고 딱딱한 모래나 젖은 모래에서는 클럽페이스를 스퀘어로 두고 손목코킹을 이용해서 V자형으로 가파르게 쳐야 한다. 이때는 볼에 더 가까운 지점을 쳐서 작고 선명한 디봇이 마치 절편을 떠낸 것처럼 만들어 져야 한다.

부드럽고 가는 모래	굵고 딱딱한 모래
클럽페이스를 오픈시킨다.	클럽페이스를 스퀘어로 놓는다.

VS

PART 01 **BUNKER SHOT**

부드럽고 가는 모래	굵고 딱딱한 모래

볼 뒤 7~8cm 지점을 친다.	볼 뒤 가까운 지점을 친다.

백스윙은 가파르게, 다운스윙은 넓게 U자형으로 한다.	스윙 아크를 가파르게 V자형으로 한다.

모래를 얇고 넓게 떠내야 한다.	모래를 좁고 깊게 떠내야 한다.

PART 01 BUNKER SHOT

경사면을 따라 볼을 위로 떠내듯이 스윙한다.

왼발 오르막 벙커 샷 연속 동작

1 양발, 양 무릎, 엉덩이, 양어깨가 지면과 평행하게 한다.

2 손목을 부드럽게 하여 몸통 회전보다는 팔 위주로 백스윙을 한다.

3 손목코킹을 일찍 풀어 임팩트 때 클럽헤드가 볼 아래로 확실히 지나가도록 스윙한다.

4 경사면을 따라 클럽헤드로 모래를 떠내는 느낌으로 스윙한다.

5 몸통 회전을 과하게 하면 체중이 오른쪽으로 쏠리므로 균형을 잘 잡도록 한다.

PART 01 BUNKER SHOT

가끔 운이 없으면 볼이 오르막 벙커 경사면에 박힐 때가 있다. 이 경우에는 경사가 심하기 대문에 스탠스를 취하기도 어렵다. 이때 1벌타를 받고 언플레이어블(Unplayable)을 선언하기 싫다면 다음과 같이 해보자. 낮은 쪽 발로 체중을 잘 지탱하고 스탠스를 넓게 유지한다. 그 다음 스윙을 해서 볼 아래쪽 3cm 정도 지점을 강하게 쳐서 클럽헤드가 모래에 박히도록 한다. 이때 볼은 위로 가파르게 떠오르지만 앞으로는 별로 나아가지 못하므로 벙커 탈출 자체에 의미를 두어야 한다. 이 샷을 할 때 주의해야 할 점은 경사가 사선일 경우에는 클럽페이스를 닫아야 하고, 경사가 수직일 경우에는 클럽페이스를 완벽하게 열어야 한다는 것이다. 만일 수직 경사에서 클럽페이스를 닫으면 볼이 위로 솟구치지 못하고 벙커 수직 벽에 걸려 탈출에 실패한다.

백스윙은 가파르게 한다.

다운스윙 때는 볼 아래쪽 3cm 정도 지점을 강하게 쳐서 클럽헤드가 모래에 박히도록 한다.

임팩트 후 피니 시 동작은 생략한다.

DOWN HILL

내리막 벙커

내리막 벙커에서는 경사면을 따라 클럽헤드를 길게 진행시켜라

내리막 벙커 샷은 오르막 벙커 샷보다 더 까다롭다. 내리막 경사에서는 클럽헤드가 볼 아래로 지나가도록 치는 것 자체가 어렵기 때문이다. 이때는 스탠스를 더 넓혀서 어깨를 경사면에 평행하게 하고 클럽페이스를 충분히 오픈시켜야 한다. 백스윙은 코킹을 이용해서 최대한 가파르게 하고 다운스윙 때는 '아웃-투-인' 궤도로 볼 뒤 모래를 쳐야 한다. 임팩트 구간에서는 클럽헤드가 볼 아래를 지나 경사면을 따라 길게 내려가도록 하는 것이 키포인트이다. 팔로스루 때도 클럽헤드가 지면을 따라 낮게 진행해야 하며 클럽페이스가 끝까지 돌아가지 않고 하늘을 향해야 한다.

어깨를 경사면과 평행하게 맞춘다.

스탠스를 넓게 벌린다.

클럽페이스는 충분히 오픈시킨다.

PART 01 BUNKER SHOT

백스윙 때는 어깨회전보다 코킹을 이용하여 끌을 가파르게 들어준다.

손목코킹을 일직 풀어 클럽헤드가 볼 밑으로 지나가도록 해야 한다.

클럽헤드가 경사면을 따라 내려가듯 낮게 진행시켜야 한다. 내리막에서는 이 부분이 가장 중요한 포인트이다.

클럽페이스가 돌아가지 않고 하늘을 향하도록 한다.

EGG FRY

에그 프라이가 되었다면 볼 주위 함몰된 모래를 전부 퍼내라

볼 주위 모래가 함몰되지 않고 단순히 박혀있다면 비교적 쉽게 쳐낼 수 있다. 하지만 볼 주위 모래가 무너져 내려 움푹 파인 원형 모양(계란 프라이 모양)을 이루면 볼을 쳐내기가 매우 어렵다. 이처럼 벙커 샷 중에서 볼이 모래에 박힌 경우가 가장 난감한 상황이다. 이 경우에는 볼만 떠내는 것보다 함몰된 모래 전체를 퍼내야 한다. 즉, 달걀 프라이를 통째로 떠낸다고 생각하면 된다. 이때는 스윙을 좀더 강하게 해야 한다. 먼저 모래에 발을 비벼 넣고 클럽헤드가 모래 속 깊이 들어갈 수 있도록 클럽페이스를 직각으로 놓는다. 그 다음 손목에 힘을 주고 가파르게 백스윙을 해서 클럽헤드로 볼 주위 모래 전체를 퍼내듯이 강하게 스윙해야 한다. 이때 그린에 올라간 볼은 런이 길어진다는 사실을 고려하고 샷을 해야 한다.

단순히 모래에 박힌 볼보다 에그 프라이 볼을 치기 어려운 이유는 볼 주위의 모래가 함몰되어 있기 때문이다.

PART 01 BUNKER SHOT

볼 주위의 함몰된 모래 전체를 퍼내기 위해서는 클럽페이스를 스퀘어로 놓는다.

클럽페이스를 오프시키면 클럽헤드가 모래 속으로 충분히 들어가지 못하기 때문에 볼을 직접 가격할 확률이 높다.

1

그립을 약간 강하게 잡는다.

양발을 모래에 비벼 넣어 하체를 안정되게 만든다.

2 백스윙은 가파르게 한다.

3 돌 주위의 모래 전체를 퍼내기 위하 강하게 스윙한다.

4 모래를 충분히 퍼내기 때문에 모래 저항으로 인해 피니시는 자연스럽게 멈춘다.

LONGSHOT

먼 거리 벙커 샷

30미터 이상 벙커 샷은 갭웨지를 사용하라

일단 30미터가 넘는 먼 거리에서는 샌드웨지보다 긴 클럽을 선택하고, 치는 방법도 달리 해서 공략할 필요가 있다.

PART 01 BUNKER SHOT

일반적인 그린 주변 벙커 샷은 20~30미터 이내가 대부분이다. 그런데 모래를 쳐서 볼을 내보내야 하는 벙커 샷의 특성상 거리가 멀어질수록 정교하게 치기는 어려워진다. 투어프로들에게도 30미터 이상의 벙커 샷은 세이브를 장담하기 어려운 애매한 거리이다. 이런 경우에는 먼저 클럽을 샌드웨지에서 갭웨지(52도)나 피칭 웨지로 바꿔주는 것이 필요하다. 그리고 일반적인 벙커 샷 방법으로 하면 되지만 몇 가지 주의할 점이 있다. 먼저 클럽페이스를 살짝 열고 '인-투-인' 궤도로 볼에 더 가까운 지점을 쳐야 한다. 그리고 피니시까지 충분히 해줘야 원하는 거리에 도달할 수 있다.

그린 주변 가까운 곳에서 일반적인 벙커 샷을 할 때는 토우라인을 따라 '아웃-투-인' 궤도로 스윙한다.

30미터 이상 먼 거리 벙커 샷을 할 때는 '인-투-인' 궤도로 스윙한다.

먼 거리 벙커 샷은 스윙을 충분히 크게 한다.

짧은 거리 벙커 샷은 스윙을 작게 하고 부드럽게 스윙한다.

30미터 이상 먼 거리 벙커 샷 연속 동작

1. 하체를 안정시킨다.
2. 상체 위주로 백스윙을 크게 한다.
3. 볼에 가까운 지점(약 5cm 지점)을 때린다.
4. 팔로스루를 적극적으로 한다.
5. 높은 피니시로 마무리한다.

FAIRWAY BUNKER SHOT

페어웨이 벙커 샷

페어웨이 벙커 샷은 볼만 살짝 걷어내듯이 쳐라

페어웨이 벙커 샷의 핵심은 클럽헤드가 모래에 닿기 전에 볼을 먼저 쳐야 한다는 점이다.

먼저 벙커 턱이 얼마나 높은지 살펴보고 턱을 충분히 넘길 수 있는 클럽을 선택한다.

PART 01 **BUNKER SHOT**

페어웨이 벙커 샷을 할 때는 타겟까지의 거리가 멀기 때문에 클럽헤드가 모래에 닿기 전에 볼을 먼저 쳐야 한다. 먼저 벙커 턱의 높이를 보고 충분히 넘어갈 수 있는 클럽을 선택한다. 턱이 낮아 그린을 직접 노릴 경우에는 한 두 클럽 정도 더 크게 선택하여 그립을 짧게 잡고 볼을 오른쪽에 두고 체중을 왼발 쪽에 더 싣는다. 모래 위에서 치기 때문에 지나친 체중이동이나 몸의 움직임은 자칫 균형을 무너뜨릴 수 있으므로 자제 하자. 주로 상체와 팔의 속도를 이용하여 스윙을 해서 볼을 살짝 걷어내듯이 샷을 해야 한다.

그립은 짧게 잡는다.

클럽은 한 두 클럽 크게 선택한다.

볼은 스탠스의 약간 오른쪽에 둔다.

체중은 왼발 쪽에 더 싣는다.

페어웨이 벙커 샷을 할 때는 지나친 하체 움직임과 체중이동은 자제하고 상체를 이용하는 느낌으로 스윙을 한다.

DRILL

실력 향상 드릴

벙커 샷 감각을 높여주는 연습법

드릴 1 라인 때리기

벙커 모래를 평평하게 다진 다음 선을 길게 긋고 그 선을 정확하게 쳐내려가는 연습이다. 이 연습의 목적은 그어진 선의 앞이나 뒤를 불규칙하게 치지 않고 정확하게 쳐서 벙커 미스 샷을 없애기 위함이다. 선을 정확하게 치기 위해서는 손목코킹을 이용하여 스윙을 가파르게 해야 한다.

모래에 라인을 긋고 라인을 정확하게 치는 연습을 하면 벙커 샷을 할 때 뒤땅을 치거나 볼을 직접 가격하는 실수를 줄일 수 있다.

드릴 2 나무토막 묻고 때리기

벙커 모래에 나무토막을 묻고 그 위에 모래를 약 2~3cm 두께로 덮은 다음 그 위에 볼을 놓고 벙커 샷을 하는 방법이다. 이 연습은 클럽헤드가 모래를 너무 깊이 파는 것을 방지하고 클럽의 바닥(바운스)을 이용해서 모래를 치는 감각을 익힐 수 있다. 나무토막을 모래 아래에 깔아놓았기 때문에 클럽헤드가 튕겨나가는 느낌을 알 수 있다. 클럽페이스를 오픈시킬수록 더욱 효과가 있다.

나무토막을 모래에 살짝 묻고 절반 정도는 모래를 덮는다. 그리고 모래 위에 볼을 놓고 클럽헤드가 나무토막에서 튕기는 느낌을 익힌다.

드릴 3 지폐 위에 볼 놓고 치기

벙커 모래 위에 천 원짜리 지폐를 펴놓은 다음 그 지폐 한가운데에 볼을 올려놓고 지폐를 같이 쳐내는 연습이다. 이 방법은 모래를 얼마만큼 퍼내야 하는지 그 기준을 알게 한다. 모래를 천 원짜리 지폐만큼만 떠내면 제일 좋은 샷이 된다. 이 샷을 연습할 때 지폐와 볼이 함께 날아가도록 해야 하며, 지폐에 손상이 갈 수 있으므로 지폐 크기의 종이를 준비해서 이용하는 것이 바람직하다.

지폐나 종이 위에 볼을 올려놓고 지폐나 종이만큼만 모래를 떠내는 연습을 한다.

PUTTING

퍼팅, 이것만 알면 5타는 줄일 수 있다

ADDRESS

 **퍼팅 어드레스, 3가지만 지켜라**

몸을 타깃라인과 평행해야 한다.

양 팔꿈치를 가볍게 구부려서 어깨와 팔을 오각형 모양으로 만든다.

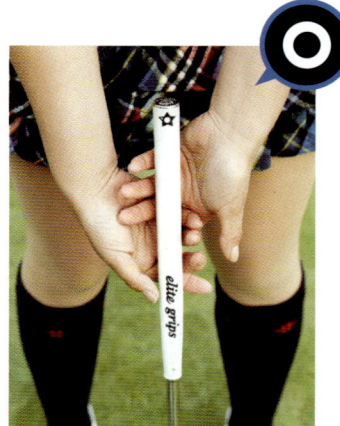

퍼터 그립을 잡을 때는 일반 클럽과는 달리 손가락이 아닌 손바닥을 이용하여 잡는다.

퍼팅은 다른 샷과는 달리 정해진 정석보다는 개인적인 감각의 영향을 많이 받는다. 따라서 볼에 대한 터치감이 탁월한 골퍼들이 그린 위에서 상대방을 제압하는 것이다. 그렇지만 기본을 무시할 수는 없다. 기본을 잘 숙지한 후 자신의 감각을 살린다면 금상첨화가 될 것이다. 퍼팅은 복잡한 기술이 필요하지 않으며 3가지 핵심 요소만 잘 지킨다면 그 외에는 자신의 스타일에 맞게 충분히 변형시킬 수 있다. 첫째, 그립은 손가락이 아닌 손바닥 쪽으로 있어야 한다. 둘째, 볼은 왼쪽 눈 수직하단에 있어야 한다. 셋째, 몸은 타깃라인에 평행이 되어야 한다. 퍼팅을 하다 보면 다양한 자세변화를 시도하게 되는데 가능한 한 이 3가지를 지키는 것이 퍼팅 슬럼프에 빠지지 않고 통련 할 수 있는 길이다.

양 무릎은 살짝 구부린다.

팔꿈치-손-퍼터를 거쳐 모두 일직선이 되도록 한다.

볼의 위치는 왼쪽 눈 수직 아래가 기준이다.

SWING

어깨에서부터 시계추처럼 움직여라

퍼팅 스트로크는 시계추의 진자운동과 유사하다.

퍼팅을 할 때 가장 중요한 것은 적절한 힘으로 스트로크를 해서 볼을 원하는 거리와 방향에 도달시키는 것이다. 이러한 결과를 얻기 위해서는 다음과 같은 퍼팅 메커니즘이 필요하다. 일단 어드레스 때 팔과 어깨선으로 이룬 오각형 모양을 스트로크를 하는 동안 그대로 유지해야 한다. 몸과 머리를 고정시킨 채 팔로만 스트로크를 하고 손목 사용을 자제하며 가능한 한 궤도를 직선으로 보내기 위해 노력해야 한다. 이렇게 하면 마치 어깨에서부터 클럽 끝까지 시계추가 움직이는 것 같은 동작이 된다. 시계추는 앞뒤로 일정한 리듬에 맞춰 움직이는 진자운동을 하드로 일관성 있는 퍼팅 스트로크를 위한 가장 좋은 모델이다.

어깨와 팔로 이룬 오각형 모양을 유지하면서 테이크어웨이를 한다.

손목을 고정해야 헤드의 스위트 스폿으로 볼을 정확하게 칠 수 있다.

진자운동을 생각하며 일정한 리듬으로 스트로크를 한다.

퍼팅을 할 때는 손목의 움직임을 자제하고 헤드가 가급적 직선 궤도로 움직이도록 한다.

손목을 사용하면 볼이 지나치게 강하게 맞거나 점프를 하기도 하며 방향성도 나빠진다.

SWING

스윙

스트레이트 퍼팅을 잘하려면 왼손목을 고정하고 궤도를 직선으로 하라

모든 퍼팅의 기본은 스트레이트 퍼팅이다. 퍼팅을 정말로 잘하는 사람은 평지에서 볼을 똑바로 보낼 수 있는 능력이 있다. 그런데 실제로 평지에서 퍼팅을 해보면 좌우로 약간의 오차가 자주 발생하게 된다. 볼을 똑바로 잘 보낸다는 것은 이미 퍼팅 메커니즘이 잘 작동하고 있다는 증거이다. 이 퍼팅을 잘 하기 위해서는 감각에 의존하는 퍼팅보다는 일정한 퍼팅 메커니즘을 정확하게 지켜주는 것이 필요하다. 스윙 궤도를 직선으로 하고, 클럽페이스의 안정성을 위해서 왼손목을 고정하며, 백스윙보다 팔로스루를 더 길게 해야 한다. 백스윙이 흔들리거나 직선으로 진행되지 않았다면 그냥 치지 말고, 일단 퍼팅을 멈추고 안정을 취한 후 다시 퍼팅을 시도해야 한다.

평지에서 퍼팅을 할 때 볼이 똑바로 가지 않고 좌우로 자주 벗어난다면 퍼팅 메커니즘을 점검해 봐야 한다.

PART 02 PUTTING

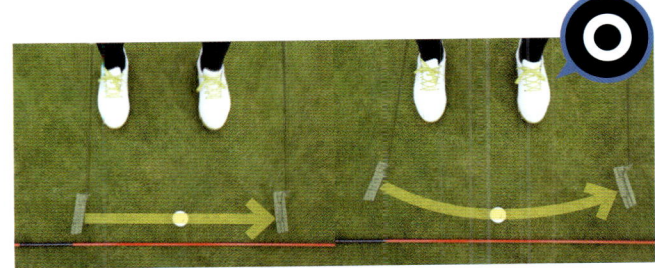

평지에서 볼을 똑바로 보내기 위한 가장 이상적인 스윙 궤도는 직선으로 움직이는 궤도이다. 부처꼴 모양의 스윙 궤도는 토우 밸런스 퍼터(헤드 일자형)를 사용하며 감각적인 퍼팅을 구사하는 사람에게 적합하다.

'인-투-가웃'은 볼이 홀의 오른쪽으로 흐른다. '아웃-투-인'은 볼이 홀의 왼쪽으로 흐른다.

왼손목의 각도를 고정시켜야 한다.

왼손목이 꺾이면 안된다.

백스윙이 직선으로 진행하지 못하고 흔들리면 퍼팅을 일단 멈추고 안정을 취한 후 다시 시도한다.

스트로크를 할 때는 백스윙의 크기보다 팔로스루의 크기를 더 길게 하는 것이 안정적이다.

SWING

숏퍼팅은 방향을, 롱퍼팅은 거리를 맞춰라

숏퍼팅은 꼭 성공시켜야 하지만 롱퍼팅은 3퍼팅을 하지 않는 것이 중요하다. 그러므로 숏퍼팅은 더 정확한 메커니즘과 집중력이 요구되는 반면, 롱퍼팅은 메커니즘에 얽매이지 않고 그린을 넓게 보고 그린의 빠르기나 경사 등을 고려하여 거리감각을 최대한 살려야 한다. 아마추어의 경우 롱퍼팅도 꼭 넣으려고 하는 경향이 강한데, 오히려 이러한 플레이가 3퍼팅 이상을 만들기도 한다. 롱퍼팅의 경우에는 홀 주위 1m 이내에만 보낸다면 성공이라고 생각하자. 기억할 것은 숏퍼팅을 할 때는 방향에 중점을 두고, 롱퍼팅을 할 때는 거리에 중점을 두는 것이다.

숏퍼팅은 일단 방향을 가장 중요시하고 집중해서 친다.

PART 02 **PUTTING**

롱퍼팅은 넣으려고 욕심 부리지 말고 3퍼팅을 방지하기 위해 최대한 홀에 가깝게 붙이는 것을 목표로 한다.

1m

숏퍼팅 — 숏퍼팅을 잘하려면 기본기를 지켜라

숏퍼트를 반드시 성공시키는 비결은 무엇일까? 이 질문에는 그 누구도 자신 있게 답할 수 없을 것이다. 그렇지만 성공 확률을 높일 수 있는 방법은 반드시 존재한다. 전 세계 유명 골프 교습가들이 주장하는 바는 바로 기본기를 충실히 지키라는 것이다. 방향에 중점을 두고 퍼팅하되 임팩트 때 왼손목이 고정되어야 하고, 다리와 몸통은 나무뿌리가 땅속에 박힌 것처럼 확실히 고정되어야 한다. 스트로크는 어깨와 팔의 시계추 진자운동으로 하고 임팩트 후에는 머리나 몸이 목표 방향으로 따라 나가지 않아야 한다. 임팩트 후 홀인이 되는 것을 고개를 돌려 확인하지 말고 귀로 들어 확인하라. 이렇게 하면 숏퍼트 성공 확률이 놀랍게 좋아질 것이다.

숏퍼팅의 키포인트는 기본기에 충실해야 한다는 점이다.

PART 02 PUTTING

숏퍼트를 할 때는 양 다리가 나무 몸통처럼 미세한 움직임도 없도록 해야 한다.

숏퍼트를 똑바로 치기 위해 왼손 목을 고정시킨다.

손목이 꺾이면 방향성에 치명적이다.

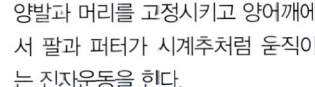

양발과 머리를 고정시키고 양어깨에서 팔과 퍼터가 시계추처럼 움직이는 진자운동을 한다.

숏더트의 방향성을 좋게 하려면 퍼팅 후 볼이 홀에 떨어지는 것을 눈이 아닌 귀로 확인하라.

결과가 궁금하여 고개가 돌아가면 몸에 불필요한 움직임이 생겨 방향성의 정확도가 떨어진다.

SHORT PUTTING

숏퍼팅 숏퍼트를 자주 놓치면 크로스 핸드 그립을 시도하라

오른손과 왼손의 위치를 바꾸는 크로스 핸드 그립은 숏퍼팅 방향성 향상에 도움이 된다. 최근 프로선수들도 이 그립을 많이 시도하고 있다.

중요한 순간에 숏퍼팅을 실수하면 경기력에 치명적인 악영향을 미친다. 특히 1.5m 안쪽에 있는 퍼팅을 자주 실수하면 자신의 퍼팅 스트로크 메커니즘을 점검해볼 필요가 있다. 즉, 퍼팅자세나 방법 중 잘못된 것을 발견하면 그것에 대한 집중 연습이 필요하다. 만일 볼을 치는 도중 손목을 견고하게 유지하지 못해서 숏퍼팅을 자주 놓친다면 크로스 핸드 그립(Cross-Handed)으로 바꿔보자. 크로스 핸드 그립이란 왼손이 오른손보다 아래에 오도록 잡는 방법으로 퍼팅을 할 때 왼손목이 꺾이지 않기 때문에 숏퍼팅을 똑바로 치는 데 도움이 많이 된다. 최근 많은 투어프로들이 전통적인 그립에서 이 그립으로 전향하고 있다.

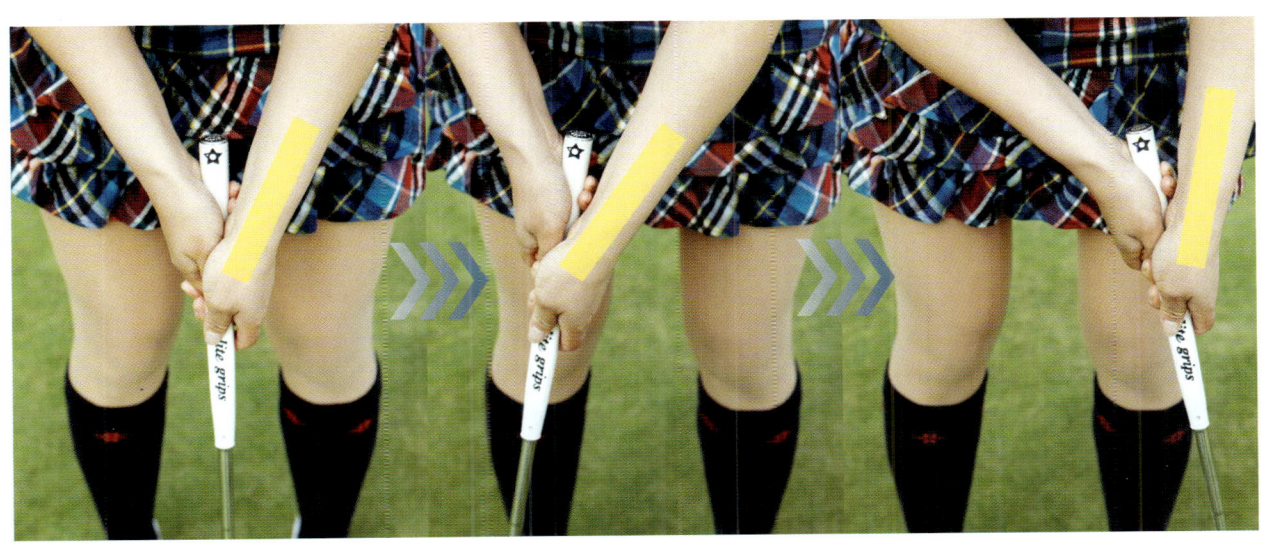

크로스 핸드 그립은 왼손목이 꺾이는 것을 방지해주기 때문에 방향성이 좋아진다.

크로스 핸드 퍼팅 연속 동작

1 왼손과 오른손의 위치를 바꿔 그립을 잡는다.

2 일직선으로 백스윙을 한다.

3 왼손목을 고정시킨다.

4 왼손목을 고정시킨 채 일직선으로 팔로스루를 진행한다.

SHORT PUTTING

숏퍼팅 입스를 극복하라

입스(Yips)란 골퍼가 숏퍼팅을 할 때 과거의 실수 때문에 또 다시 실수할 것이 두려워 가슴이 두근거리고 불안해지는 심리 상태를 말한다. 골퍼에게 입스 상태가 오래 지속되면 극심한 슬럼프에 빠지게 되고 헤어나는데도 오랜 시간이 걸릴 수 있다. 이러한 악성 바이러스와 같은 입스를 치유하는 방법을 알아보자. 첫째, 좋은 기억을 머릿속에 떠올려 긍정적 사고를 가지고 퍼팅하자. 둘째, 퍼팅 스타일이나 장비(퍼터)를 바꿔서 새로운 분위기로 시도하자. 셋째, 프리 샷 루틴을 일관성 있게 하여 불안감을 극복하자. 넷째, 짧고 쉬운 퍼트부터 시작해서 성공하는 습관을 들이자.

숏퍼트를 자주 실수하면 숏퍼팅을 할 때마다 실수에 대한 불안감이 커져 입스에 걸릴 수도 있다.

입스를 극복하기 위한 방법 중 하나는 과거의 좋은 기억(버디 퍼팅이나 위기를 넘긴 퍼팅 등)을 떠올려 긍정적인 마음을 갖는 것이 좋다.

크로스 핸드 그립이나 집게 그립 등 퍼팅 스타일을 바꿔보는 것도 좋다.

스탠스를 좁게 하거나 넓게 해보는 시도도 좋다.

오픈 스탠스로 바꿔보는 것도 도움이 된다.

다른 종류의 퍼터로 교체해보는 것도 좋다.

무작정 퍼팅을 하기 보다는 퍼팅을 하기 전에 프리 샷 루틴을 일정하게 행하면 심리적으로 큰 도움이 된다.

자신감을 높이기 위해 아주 짧은 퍼팅부터 연습하는 것도 좋은 방법이다.

LONG PUTTING

롱퍼팅

롱퍼트를 할 때는 터치감에 집중하라

넓은 그린에서는 퍼팅 거리가 15m도 넘는 경우가 종종 있다. 이렇게 먼 거리 퍼팅은 숏퍼팅과는 다른 스트로크 방법을 구사해야 한다. 먼저 어드레스를 할 때 고개를 들고 자세를 높게 세워 시야를 넓게 확보하고, 그립을 부드럽게 잡아 팔과 어깨의 움직임이 더욱 부드러워지도록 한다. 그리고 스트로크를 할 때 손목을 유연하게 사용하여 볼을 치는 터치감을 최대한 살려서 거리를 맞추도록 한다. 숏퍼팅 때는 백스윙과 팔로스루가 짧아 스윙 궤도가 직선으로 움직이지만 롱퍼팅에서는 스윙의 좌우 폭이 커지므로 궤도는 자연스럽게 부채꼴 모양이 된다. 따라서 롱퍼팅을 할 때는 일정한 리듬을 가지고 스윙의 크기를 길게 해서 스위트 스폿에 정확하게 맞춰서 볼이 목표 지점까지 잘 구르게 하는 것이 중요하다.

PART 02 PUTTING

| 롱퍼팅 | 숏퍼팅 |

스탠스를 넓게 벌린다.   상체를 들고 자세를 높게 해서 시야를 넓게 확보한다.

스탠스를 좁게 선다.   자세를 낮추고 고개를 숙여 볼에 더 집중한다.

 VS

롱퍼팅 스윙 궤도는 자연스럽게 부채꼴 모양이 되므로 '인-투-인' 궤도가 좋다.

숏퍼팅 스윙 궤도는 일직선으로 똑바로 움직이는 것이 좋다.

 VS

롱퍼팅은 왼손목을 고정시키기 보다는 유연하게 사용하는 것이 좋다.

숏퍼팅은 왼손목을 고정시켜야 방향성이 좋아진다.

LONG PUTTING

롱퍼팅

롱퍼트를 할 때
3퍼트를 방지하라

롱퍼트를 할 때 3퍼팅을 범하는 주원인은 방향성보다 거리가 부정확하기 때문이다. 따라서 라운딩 전에 연습 그린에서 그린 스피드도 파악하고 거리감각을 체크해야 한다.

PART 02 PUTTING

10cm 간격으로 티를 꽂고 백스윙의 크기에 따라 볼이 얼마나 굴러가는지 거리를 알아두면 거리 감 향상에 큰 도움이 된다.

3퍼팅은 주로 롱퍼트를 할 때 발생한다. 롱퍼트를 할 때는 경사나 잔디결 그리고 그린의 빠르기 등 모든 정보를 파악해야 한다. 그 중에서도 3퍼팅에 영향을 가장 크게 미치는 것은 방향의 오차보다는 거리의 부정확성이다. 그러므로 롱퍼트를 할 때는 그린의 스피드를 중점적으로 파악해서 홀까지의 거리를 예측하고, 거리에 맞는 스트로크를 해서 다음 퍼팅으로 마무리 할 수 있도록 해야 한다. 이렇게 하기 위해서는 퍼팅 시 볼 터치감이 무엇보다도 중요하다. 그 감각은 많은 경험과 연습으로 만들어지지만, 일반 골퍼에게는 백스윙의 크기를 달리하여 임팩트의 강도를 조절하는 방법이 많이 사용된다. 연습 방법으로는 볼 뒤 10cm, 20cm, 30cm, 40cm 지점에 티를 꽂고 그 지점까지 백스윙을 해서 스트로크를 했을 때 볼이 굴러가는 거리를 알아두는 연습을 하면 많은 도움이 된다.

롱퍼트를 하기 전에는 먼저 자신의 걸음으로 거리를 대략 계산하고, 홀 주변에 커다란 원을 설정한 후 그 원 안에 볼이 들어가도록 퍼팅을 한다. 보통 한 걸음을 대략 70cm 정도로 보고 발걸음 수로 거리를 파악할 수 있다.

DOWN HILL

내리막 퍼팅

내리막 경사에서는 물이 흘러가는 길을 상상하라

아마 퍼팅 중에서 내리막 경사가 가장 까다로울 것이다. 왜냐하면 자신의 스윙 테크닉보다는 중력과 경사가 볼의 진로를 결정하기 때문이다. 내리막에서는 조금만 강하게 퍼팅을 해도 홀을 훌쩍 지나간다는 생각 때문에 소극적인 퍼팅을 할 수밖에 없다. 내리막 퍼팅을 하기 전에는 먼저 볼이 있는 곳에서 홀까지 주전자로 물을 붓는 상상을 해보자. 물은 높은 곳에서 낮은 곳으로 흘러가고 미세한 경사에도 반응하여 정확하게 길을 찾아 내려가므로 볼이 진행하는 진로를 정확하게 알려준다. 따라서 이러한 이미지를 가지고 퍼팅을 하면 된다. 내리막에서는 상체를 더 숙이고 볼을 좀 더 왼쪽에 놓고 그립을 짧게 내려 잡고 스트로크를 하면 볼의 스피드를 줄일 수 있어서 효과적이다.

내리막 퍼팅이 어려운 이유는 경사와 중력 때문에 볼 스피드와 볼의 휘는 정도를 정확하게 맞추기가 힘들기 때문이다.

PART 02 PUTTING

볼의 위치에서 핀까지 물이 흘러간다고 가정하고 물이 어떤 경로로 흘러갈지를 상상해보면 볼의 진로를 예측하는 데 도움이 된다.

- 상체를 더 숙인다.
- 그립을 짧게 잡는다.
- 볼을 더 온쪽에 둔다.

볼 진행 방향

볼 진행 방향

내리막 퍼팅은 일반적으로 볼이 홀의 뒷벽을 맞고 들어갈 만큼 강하게 치지 말고 홀 앞쪽을 타고 들어갈 정도로 부드럽게 쳐야 한다. 그래야 홀 미스를 하더라도 지나치는 거리를 최소화 할 수 있다.

UP HILL

오르막 퍼팅

오르막 경사에서는 과감하게 쳐라

오르막 경사에서의 퍼팅은 볼의 스피드가 급격히 느려지기 때문에 잔디결의 영향을 더 많이 받는다. 그러므로 가능한 한 홀까지 빨리 도달하도록 스트로크를 강하게 해야 한다. 이때는 홀이 실제 거리보다 더 멀리 있다고 상상하는 것이 도움이 되고, 볼이 홀의 뒷벽을 맞고 들어갈 수 있도록 스피드를 충분히 높이기 위해서 퍼터헤드의 무게 중심(스위트 스팟)으로 정확하게 쳐야 한다. 오르막 퍼팅을 할 때 유의해야 할 두 가지 사항이 있는데 첫째, 홀을 지나가게 쳐야한다는 것이다. 만약 짧게 쳐서 볼이 홀에 못 미친다면 성공할 확률은 0%이다. 둘째, 손목의 힘을 더 빼고 스트로크를 더욱 유연하게 한다. 오르막이라는 부담감 때문에 그립을 너무 꽉 쥐고 강하게 치다가는 방향이 틀어지는 경우가 많다. 따라서 부드럽고 유연하게 쳐서 거리뿐만 아니라 방향성까지도 확보해야 한다. 오르막에서는 적극적인 마인드로 좀 더 공격적인 퍼팅을 해야 효과적임을 잊지 말자. 이것은 느린 그린에서도 마찬가지이다.

오르막 퍼팅은 볼의 속도가 느려져 잔디결의 영향을 더 많이 받기 때문에 가급적 볼이 홀까지 충분히 도달할 수 있도록 강하게 쳐야 한다.

PART 02 **PUTTING**

오르막에서는 볼이 느려져 짧아지기 쉬우므로 실제 홀보다 더 뒤에 홀이 있는 생각으로 거리를 계산하고 쳐야 볼이 짧아지는 것을 방지할 수 있다.

가상의 홀

내리막 경사와는 반대로 볼이 홀의 뒷벽을 맞고 들어갈 만큼 강하게 쳐야 한다. 볼이 홀에 미치지 못하면 홀인 확률은 0%임을 명심하자.

SIDE HILL

옆경사 퍼팅

옆경사에서는 상상한 커브선의 가장자리로 쳐라

옆경사는 볼 스피드가 느리면 일찍 휘고 너무 빠르면 덜 휘기 때문에 볼의 스피드 조절이 가장 중요하다.

옆경사에서 퍼팅을 할 때는 자신의 상상력을 최대한 발휘해야 한다. 즉, 경사도에 따라 볼이 굴러가는 곡선을 상상해서 볼의 진행 방향을 그려내야 한다. 일반적으로 직선 퍼팅에서는 스윙 궤도를 올바르게 하고 임팩트 때 클럽페이스가 홀과 직각을 이루면 홀인이 가능하다. 하지만 옆경사에서의 퍼팅은 여기에 볼 스피드라는 조건이 절대적인 영향을 미친다. 일단 볼이 지나갈 커브선을 상상해 그렸다면 몸과 퍼터는 그 커브선의 가장자리를 향해서 정렬해야 한다. 클럽페이스는 그 곳을 향하 직각이 되어야 하며 몸은 평행이 되어야 한다. 이때 홀을 지나치게 의식하면 몸의 정렬이 홀 쪽으로 쏠리는 경향이 생겨 결국 볼은 커브선의 가장자리까지 미치지 못하고 홀보다 낮은 쪽으로 흘러가게 된다. 따라서 옆경사에서의 퍼팅은 항상 홀의 높은 쪽에서 굴러 내려오도록 치는 것이 필수조건이다.

볼이 지나갈 곡선을 상상해보고 그 곡선의 가장자리를 따라 볼이 진행한다고 상상하라. 그리고 볼이 지나갈 곡선의 가장자리를 보고 어드레스를 한다.

홀을 너무 의식하면 어드레스 때 몸이 홀 쪽으로 정렬되어 볼이 일찍 휘는 경우가 많다.

SIDE HILL

옆경사 퍼팅

옆경사에서는 스피드가 빠르면 더 작게, 느리면 더 크게 휜다

같은 옆경사라도 그린 위에서 볼이 빠르게 구를수록 휘어지는 폭이 작다. 그리고 그린 잔디가 길고 스피드가 느린 그린에서는 세게 치기 때문에 볼의 휘는 정도가 작다.

PART 02 **PUTTING**

퍼팅을 할 때 가장 중요한 것은 터치감과 볼 스피드이다. 여기서 볼의 스피드를 조절하는 것은 힘이 아니라 터치감인데, 이 외에도 그린의 잔디 결이나 경사 등의 영향을 받으며 퍼팅라인이 만들어진다. 즉, 볼이 빨리 구르면 작게 휘고 느리게 구르면 크게 휜다. 이론적으로 보면 잔디가 길어서 느린 그린에서는 볼 스피드가 감소하므로 크게 휘고, 빠른 그린에서는 볼이 작게 휜다. 하지만 실제로는 느린 그린에서는 볼을 강하게 치는 경향이 있기 때문에 볼 스피드가 빨라져서 크게 휘지 않으며, 빠른 그린에서는 볼을 살살치는 치는 경향이 있기 때문에 볼 스피드가 느려져서 더 크게 휜다는 것을 알아야 한다.

볼이 느리게 구를수록 휘어지는 폭은 커진다. 그리고 그린 잔디가 짧고 스피드가 빠른 그린에서는 약하게 치기 때문에 볼의 휘는 정도가 커진다.

CONTROL

퍼팅은 무조건 홀보다 길게 쳐라

퍼팅에 관한 명언 중에 'Never gets, never in!' 또는 'Never up, never in!' 이란 말이 있다. 즉, "도달하지 않으면 절대 들어가지 않는다." 라는 뜻이다. 물론 숏퍼팅이나 미들퍼팅을 위한 조언이지만 골퍼들이 꼭 알아야 할 개념이다. 보통 긴장을 많이 하면 볼을 짧게 쳐서 홀에 미치지 못하는 경우가 많은데 이런 경우에는 마음을 안정시키고 집중해서 볼이 홀을 조금 지나가도록 노력해야 한다. 미국의 숏게임 코치 데이브 펠츠(Dave Pelz)는 다양한 실험을 통해 볼이 홀을 17인치(약 43cm) 지나가도록 쳐야 홀인 확률이 가장 높다는 결론을 얻었다. 볼이 홀을 지나가게 치기 위해서는 평소에 거리별로 터치감을 익히는 연습을 하는 것이 필요하다. 예를 들면 백스윙의 크기에 따라 터치했을 때 볼이 진행하는 거리를 파악하는 것이다.

퍼팅에서 중요한 요소는 많지만 가장 기본은 홀을 지나칠 정도로 치는 것이다.

볼이 홀에 도달하지 못하면 아무리 잘 쳐도 홀인 확률은 0%이다.

PUTTING LINE

퍼팅 라인

성공 확률이 높은 퍼팅 라인을 찾아라

A B C

평지에서 퍼팅을 할 때 홀인을 성공시킬 라인은 B밖에 없다.

PART 02 **PUTTING**

퍼팅에서 가장 중요한 것은 홀인 가능성을 높이는 것이다. 만일 처음부터 볼의 진행 방향이 틀렸거나 홀보다 낮은 방향으로 볼이 굴러간다면 홀인에 성공할 확률은 0%에 가깝다. 그러므로 퍼팅을 하기 전에 경사도를 정확하게 파악하고 흔들림 없는 스트로크를 해야 한다. 평지에서 스트레이트 퍼팅을 할 때는 이미 설명한대로 클럽페이스의 직각과 적정한 궤도를 지켜주면서 볼을 출발시켜야 한다. 이때 볼이 홀에 도달하지 못하거나 처음부터 방향이 빗나가면 홀인 성공 확률은 0%이다. 반면에 경사면에서 퍼팅을 할 때는 볼을 홀보다 높은 쪽으로 구르게 하여 홀 쪽으로 떨어지게 해야 한다. 이 경우에도 볼이 홀에 도달하기 전에 홀보다 낮은 쪽으로 흘러간다면 홀인 성공 확률은 0%가 된다. 그러므로 퍼팅을 할 때는 항상 성공 확률이 있는 퍼팅 라인을 선택해야 한다. 성공 확률이 있는 라인을 프로 라인이라 하고, 성공 확률이 전혀 없는 라인을 아마추어 라인이라고 부르기도 한다.

A와 B 사이를 프로 라인이라 하고, B와 C 사이를 아마추어 라인이라고 생각하면 쉽다. A와 B 사이로 볼을 보내면 홀인 성공 확률이 있지만 B와 C 사이로 보내면 홀인 성공 확률은 0%가 된다.

FORWARD PRESS

 포워드 프레스

볼을 일정하게 굴리는 요령을 터득하라

일반적인 어드레스 자세

어드레스 때 손과 클럽헤드를 목표 방향 쪽으로 밀어서 로프트를 작게 만드는 동작을 포워드 프레스라고 한다.

스윙이나 퍼팅을 할 때 손을 클럽헤드보다 타깃 쪽으로 기울이는 자세가 매우 중요한데 이 자세를 포워드 프레스(Forward Press)라고 한다. 이렇게 그립이 클럽헤드보다 앞서 있게 되면 클럽의 로프트가 작아져 볼을 낮게 보낼 수 있는 효과가 있다. 언뜻 보기에는 퍼터페이스 면이 평평한 것 같지만 약간의 로프트가 있기 때문에 스트로크 순간에 볼이 살짝 점프를 하면서 구르게 된다. 그런데 볼을 칠 때 손이 퍼터페이스보다 뒤에 있다면 로프트가 커져서 볼이 더 높게 점프를 하여 스피드가 감소하고 불규칙하게 구르게 되어 홀인 확률이 낮아지게 된다. 이러한 실수를 막기 위해 필요한 동작이 포워드 프레스이다. 어드레스를 한 후에 손을 약간 타깃 쪽으로 밀어줌으로써 로프트를 줄이고 임팩트 때도 손이 앞선 상태가 되게 해주면 볼은 전진회전이 걸려 처음부터 지면에서 낮고 견고하게 굴러가게 된다.

포워드 프레스 자세를 취하면 퍼터페이스의 로프트가 작아져 볼을 치는 순간부터 고르게 잘 굴러간다.

일반적인 어드레스 자세를 취하면 퍼터의 로프트에 의해 볼을 치는 순간 볼이 살짝 점프를 하며 구르기 때문에 정확도가 떨어질 수 있다.

DRILL

드릴 ○ 퍼팅을 잘 할 수 있는 연습법

드릴 1 각목으로 연습하기

그린의 평지 부분을 골라 홀로부터 2m 정도 거리에 70~80cm 길이의 각목을 퍼팅 라인과 평행하게 놓고 퍼터헤드의 토우 부분이 각목을 스치면서 퍼팅을 하는 방법이다. 이 방법은 퍼터의 궤도가 흔들리지 않고 일관성을 유지하면서 움직일 수 있도록 하는 감각을 길러준다. 각목만 따라서 퍼팅하면 100% 홀에 넣을 수 있어야 한다.

클럽헤드가 잘 흔들리는 사람은 각목을 이용하여 연습하면 안정감을 향상시키는 데 도움이 된다.

드릴 2 초크라인 그어놓고 연습하기

그린의 평지 부분을 골라 홀로부터 2~3m 정도 지점에서 홀까지 직선 라인을 그어 놓고 퍼팅을 해서 볼을 그 라인 위로 굴려서 홀에 넣는 연습이다. 이것은 퍼팅을 직선으로 똑바로 하기 위한 연습인데 그려진 라인과 볼이 굴러가는 라인이 비교되기 때문에 자신의 퍼팅 성향과 실패하는 방향을 알 수 있다.

드릴 3 3m 간격마다 볼 2개씩 퍼팅하기

미들퍼팅과 롱퍼팅의 감각을 익히기 위한 연습방법이다. 3m, 6m, 9m, 12m, 15m 지점에 각 볼 2개씩을 놓고 짧은 거리부터 차례대로 연습하는 것이다. 거리에 대한 터치감과 백스윙의 크기 등을 익히는 좋은 연습방법이다.

평지에서 초크라인을 긋고 연습하면 볼이 굴러가는 방향을 초크라인과 비교할 수 있기 때문에 방향성 문제를 잘 파악하고 교정할 수 있다.

이 연습은 미들퍼팅이나 롱더팅에 도움이 되는데, 백스윙의 크기나 임팩트의 강도 등을 거리에 따라 일정하게 유지하는 데 도움이 된다.

드릴 4 동전 올려놓고 연습하기

퍼팅 템포가 너무 빠르거나 때리는 퍼팅을 하는 경우 퍼팅을 최대한 매끄럽게 하고 좋은 리듬을 익히기 위한 연습방법이다. 동전을 퍼터헤드 위에 올려놓고 백스윙 때 동전이 떨어지지 않도록 연습하면 성급한 스트로크 습관을 고칠 수 있다.

퍼터헤드 위에 동전을 올려놓고 동전이 떨어지지 않도록 퍼팅 연습을 하면 동작을 매끄럽고 리듬감 있게 만드는 데 도움이 된다.

골프 용어

그레인(Grain)	그린 위에서 자라는 잔디의 방향 또는 그 결
그루브(Groove)	클럽페이스에 있는 홈
그린(Green)	깃대와 홀컵이 있는 곳으로 잔디를 짧게 깎고 잘 다듬어 놓은 퍼팅을 하는 지역
그립(Grip)	골퍼가 손을 얹는 클럽 부분
다운 블로우(Down Blow)	클럽페이스가 볼을 먼저 치고 그 다음 지면에 맞도록 스윙하는 타법. 어퍼 블로우(Upper Blow)의 반대
다운스윙(Down Swing)	백스윙 직후 볼을 치기 위해 클럽을 내리는 스윙 동작
더프(Duff)	클럽헤드가 공을 치기 전에 땅을 먼저 침으로써 부분적으로 공을 맞히고 공이 나아가는 거리를 감소시키는 타. 일명 뒤땅
덕훅(Duck Hook)	볼이 급격하게 왼쪽으로 구부러지는 심한 훅
도그랙(Dogleg)	마치 개의 다리처럼 오른쪽이나 왼쪽으로 굽은 홀
드라이버(Driver)	비거리가 가장 많이 나는 클럽으로 1번 우드를 말함
드라이빙 레인지(Driving Range)	드라이브를 칠 수 있는 200야드가 넘는 실외연습장
드로우(Draw)	볼이 날아갈 때 오른쪽에서 왼쪽으로 약간 휘는 샷. 페이드(Fade)의 반대
드롭(Drop)	경기 중 공을 잃어버렸거나 공이 경기를 진행하기 불가능한 지점에 놓인 경우 규정에 따라 볼을 옮겨 놓거나 새로운 볼을 다시 놓는 것으로, 플레이어가 똑바로 서서 팔을 어깨 높이로 뻗은 후 공을 수직으로 떨어뜨리는 동작
디보트(Divot)	샷을 한 뒤 클럽헤드에 의해 파여서 옮겨진 잔디 조각 또는 잔디가 빠지고 파인 구멍
딤플(Dimple)	공중에 오래 뜨도록 디자인된 골프공 표면의 둥근 홈
라이(Lie)	볼이 멈춘 지면의 상태 또는 클럽헤드와 샤프트가 이루는 각도
로브 샷(Lob Shot)	거의 앞으로 굴러가지 않고 살짝 착륙하는 짧고 높은 궤도를 그리는 샷
로프트(Loft)	클럽페이스의 각도 또는 경사
롱 아이언(Long Irons)	1~3번 아이언을 말함
런(Run)	볼이 지면에 떨어진 후 굴러가는 거리
레이드 오프(Laid Off)	클럽이 백스윙톱에서 목표의 왼쪽을 가리키는 것
레이트 히트(Late Hit)	다운스윙을 할 때 클럽헤드가 내려오는 동작을 늦추어 순발력을 증가시켜 파워를 최상으로 끌어내는 타법
리버스 오버래핑 그립(Reverse Overlapping Grip)	퍼팅 때 사용되는 그립 스타일로, 오른손 손가락 모두 클럽 위에 놓고 왼손 검지가 오른손 손가락들을 가로질러서 포개는 그립 방법
릴리스(Release)	다운스윙 및 임팩트 이후 헤드 스피드를 계속 가속시키는 동작

PART 02 PUTTING

미들 아이언(Middle Irons)	4~6번 아이언을 말함
백 티(Back Tee)	티잉 그라운드에서 가장 뒤쪽에 있는 티. 챔피언 티라고도 함
백스윙(Backswing)	클럽을 볼 뒤쪽으로 들어 올리는 스윙의 과정
백스핀(Backspin)	클럽페이스의 경사, 어프로치 각도, 클럽헤드의 속도 등에 의해 볼이 영향을 받아 볼이 날아가는 방향의 반대 방향으로 돌아가는 볼의 회전
버디(Birdie)	1홀에서 기준 타수(파)보다 한 타 적게 홀 아웃하는 것
범프 앤드 런(Bump and Run)	볼을 일부러 낮게 쳐서 지면을 맞고 튀게 하면서 속도를 늦춰 그린 근처로 굴러가게 하는 샷
벙커(Bunker)	코스에서 장애물이 되는 모래 구멍이나 풀 구멍
베이스볼 그립(Baseball Grip)	열손가락으로 야구 배트를 잡는 형태로 쥐는 그립 방법
보기 플레이어(Bogey Player)	매 홀을 보기로 마칠 경우 나오는 스코어로 경기 당 90타 전후를 기록하는 골퍼를 일컫는 말
보기(Bogey)	파보다 한 타를 더 친 타수로 홀 아웃하는 것
브레이크(Break)	경사나 잔디의 결 또는 바람 때문에 공이 땅 위에서 나아가는 곡선
블레이드 샷(Bladed Shot)	공의 중심 혹은 그 위를 클럽페이스의 리딩에지로 쳐서 낮은 라인드라이브 곡선을 그리는 샷
블레이드(Blade)	아이언의 칼날 모양으로 된 부분
생크(Shank)	클럽의 목(넥) 부분으로 볼을 치는 미스 샷
세미러프(Semirough)	러프 지역에 있는 잔디이지만 너무 길지도 또 너무 짧지도 않은 잔디
셋업(Setup)	볼을 치기 위해 자세를 잡는 어드레스 동작
솔(Sole)	클럽헤드의 바닥 부분
숏 아이언(Short Iron)	7~9번의 아이언을 말함
숏게임(Short Game)	그린 근처에서 가장 적은 타로 볼을 홀에 넣을 수 있도록 모든 종류의 샷을 포함한 플레이. 벙커 샷 퍼팅, 칩 샷, 피치 샷 등
스리쿼터스윙(Three-Quarter Swing)	클럽 거리의 75% 정도만 보낼 의도로 정상 이하의 길이의 백스윙이나 노력으로 친 샷
스웨이(Sway)	백스윙이나 다운스윙 때 지나치게 옆으로 움직이는 몸동작
스위트 스폿(Sweet Spot)	클럽페이스의 정중앙
스윙 아크(Swing Arc)	클럽헤드가 그리는 궤도
스윙 플레인(Swing Plane)	스윙 때 클럽의 진로와 각도를 나타내기 위해 사용되는 가상의 평평하고 얇은 표면
스카이 샷(Sky Shot)	클럽페이스의 윗부분으로 볼의 밑부분을 쳐서 볼이 높게 떠오를 뿐 비거리는 짧은 샷
스퀘어(Square)	①타깃라인더 서 올바른 각도로 위치했을 때의 클럽페이스, ②발뒤꿈치를 따라서 그려지는 선이 타깃라인과 평행한 발의 자세, ③타깃을 겨냥할 때 타깃라인과 평행한 어깨, 엉덩이, 무릎, ④볼을 쳤을 때 볼의 중앙에 클럽페이스가 정확하게 맞는 것 등을 말함
스탠스(Stance)	볼을 치려고 할 때의 발의 자세

스트롱 그립(Strong Grip)	그립을 시계방향으로 회전시켜 잡는 그립 방법
스폿(Spot)	볼의 뒷면에 동전이나 작은 물체를 놓음으로써 볼을 치기 전에 그린 위에서 볼의 위치를 표시하는 것
스푼(Spoon)	현재의 3번 우드를 말하며, 경사진 페어웨이우드의 초기 이름
슬라이스(Slice)	볼이 왼쪽에서 오른쪽으로 현저하게 꺾어지는 샷
아웃 오브 바운드(Out of Bound)	경기를 정상적으로 진행할 수 없는 구역. 주로 OB라고 함
아웃사이드 인(Outside In)	임팩트 때 클럽헤드가 타깃라인의 바깥쪽에서 안쪽으로 덮여 들어가는 것
아이언(Iron)	클럽헤드가 금속으로 만들어진 클럽
아크(Arc)	스윙 궤도를 말함
야디지(Yardage)	야드 단위로 나타낸 각 홀의 길이나 코스 전체의 길이
어드레스(Address)	골퍼가 샷을 하기 위해 몸과 클럽의 자세를 준비하는 과정
어퍼 블로우(Upper Blow)	클럽페이스가 스윙의 최저점을 지난 후 올라가는 순간 볼에 맞도록 스윙하는 타법. 다운 블로우(Down Blow)의 반대
어프로치 샷(Approach Shot)	그린 주변에서 퍼팅 그린을 향해서 또는 그린 위로 올리는 스트로크. 또는 페어웨이에서 그린에 가깝게 볼을 보내기 위해 친 샷
언더 파(Under Par)	규정 타수보다 적은 스코어
언코킹(Uncocking)	코킹된 손목을 임팩트 이후 풀어주는 것
얼라인먼트(Alignment)	타깃을 향해 몸을 정렬시키고 클럽페이스의 배치하는 것. 에이밍(Aiming)의 일부분
업 앤드 다운(Up and Down)	그린의 굴곡이 심한 것을 일컫는 말
업라이트 스윙(Upright Swing)	스윙 궤도가 지면과 수직에 가까운 스윙
에어 샷(Air Shot)	공을 맞추기 못하고 허공을 가르는 샷. 일명 헛스윙
에이프런(Apron)	그린의 가장자리
에임라인(Aim Line)	볼에서 타깃까지의 눈에 보이지 않는 라인을 말함. 타깃라인과 동일
에지(Edge)	홀, 그린, 벙커 등의 가장자리
오버 스윙(Over Swing)	백스윙 톱에서 클럽이 지나치게 지면을 향하는 스윙 동작
오버래핑 그립(Overlapping Grip)	클럽을 쥐는 방법 중 오른손 새끼손가락을 왼손 집게손가락 위에 올려 잡는 것으로, 영국의 프로골퍼 해리 바든이 유행시킨 방법이라 하여 바든 그립이라고도 함
오픈 스탠스(Open Stance)	오른손잡이의 경우 왼발을 뒤로 약간 당겨 공이 날아가는 쪽으로 몸을 오픈시킨 자세
오픈 페이스(Open Face)	클럽페이스가 볼에 대하여 90°를 넘어 약간 열린 상태
올 스퀘어(All Square)	모든 플레이어의 승부가 무승부일 때를 일컫는 말
왜글(Waggle)	스윙을 하기 전 정신을 집중시키고 근육을 풀어주기 위해 클럽을 가볍게 좌우나 앞뒤로 흔들어주는 동작
우드(Wood)	클럽헤드가 나무로 만들어진 클럽
워터 해저드(Water Hazard)	코스 안에 걸쳐 있는 바다, 호수, 연못, 하천, 도랑 등의 장애물
원 온(One One)	한 타로 볼을 그린에 올리는 것

PART 02 PUTTING

웨지(Wedge)	클럽페이스가 넓고 솔이 평탄하며 로프트가 큰 아이언 클럽으로 피칭웨지와 샌드웨지가 있음
위크 그립(Weak Grip)	그립을 시계반대방향으로 잡는 방법
이글(Eagle)	1홀의 기준 타수(파)보다 2타수 적은 스코어로 홀 아웃하는 것
이븐(Even)	규정 타수와 플레이어가 친 타수가 일치하는 것 또는 상대방과 타수가 똑같은 것
익스플로전 샷(Explosion Shot)	벙커에서 클럽에 의해 많은 양의 모래가 파여지며 그 폭발력으로 탈출하는 벙커 샷
인사이드 아웃(Inside Out)	임팩트 때 클럽헤드가 타깃라인의 안쪽에서 바깥쪽으로 열려 들어가는 것
인터로킹 그립(Interlocking Grip)	오른손 새끼손가락과 왼손 집게손가락을 서로 교차해서 쥐는 것 손가락이 짧거나 힘이 약한 사람이 이 방법을 취하면 두 손의 죄는 힘이 강해져 스윙을 하는 동안 손이 느슨해지지 않는 효과가 있음. 타이거우즈 그립으로 유명함
임팩트(Impact)	클럽헤드로 볼을 치는 순간
입스(Yips)	퍼팅을 할 때 실패에 대한 두려움으로 호흡이 빨라지고 손에 가벼운 경련이 일어나는 몹시 불안해하는 증세
초크(Choke)	골퍼가 정상적인 능력대로 제대로 경기를 할 수 없을 만큼 심각한 신경과민반응을 일으키는 심리 상태
치킨윙(Chicken Wing)	일명 닭날개. 백스윙 때 오른쪽 팔꿈치가 지면에 거의 수평이 될 정도로 들리는 동작. 슬라이스의 원인
칩 샷(Chip Shot)	어프로치 샷의 일종으로 짧고 낮은 궤도를 그리는 샷
칩 앤드 런(Chip and Run)	그린의 가장자리나 러프에서 그린 주위로 친 낮은 궤도를 그리는 샷. 공이 캐리보다 훨씬 더 많이 굴러감
캐리(Carry)	공중에서 볼이 날아가는 거리
캐스팅(Casting)	다운스윙 때 손목코킹이 너무 일찍 풀려 임팩트가 되는 현상
컨트리클럽(Country Club)	골프 코스를 지칭하는 말
컵(Cup)	그린 위에 있는 홀
컷 샷(Cut Shot)	클럽헤드가 타깃라인의 왼쪽으로 나아가는 동안 클럽페이스가 약간 열린 상태로 공이 맞는 샷. 이것은 볼에 시계방향 회전을 일으키며, 그린에서 멈추는 작용을 위한 여분의 백스핀도 일으킴
코스 레코드(Course Record)	한 코스에서 공식적으로 인정된 최저 스코어 기록
코일(Coil)	상체가 하체보다 더 많이 돌아가게 되어서 잡아당기는 느낌이 들도록 하는 백스윙 동안의 몸의 꼬임
코킹(Cocking)	비거리를 내기 위해 백스윙을 할 때 왼손목을 꺾어주는 동작
크로스 오버(Cross Over)	클럽이 백스윙톱에서 목표의 오른쪽을 가리키는 것
크로스 핸드 그립(Cross Hand Grip)	그립에서 왼손을 오른손 밑에 놓는 방법. 퍼팅에서 활용되는 그립 스타일
클럽페이스(Clubface)	클럽헤드에서 실제로 볼을 치는 타구면
클럽헤드(Clubhead)	클럽의 머리 부분으로 클럽의 타구면과 바닥면을 포함한 부분
클로즈드 그립(Closed Grip)	일명 스트롱 그립. 그립을 쥐었을 때 시계방향으로 과하게 회전시켜 잡는 그립 방법
클로즈드 스탠스(Closed Stance)	타깃 라인과 평형을 이루는 선으로부터 오른발을 뒤로 빼는 자세

클로즈드 클럽페이스(Closed Clubface)	어드레스 및 임팩트 때 클럽의 토우(앞쪽 끝)가 힐(뒤쪽 끝)을 이끌면서 클럽페이스가 타깃라인의 왼쪽을 향해 닫혀서 진행하는 것
타깃라인(Target Line)	볼의 뒤에서부터 볼을 통과하여 목표지점을 향해 그려진 가상의 직선
테이크백(Take Back)	백스윙을 하기 위해 클럽을 뒤로 빼는 동작
테이크어웨이(Take Away)	백스윙을 하기 위해 클럽헤드를 뒤쪽으로 천천히 움직이는 동작
텐 핑거 그립(Ten Finger Grip)	손가락 전부와 엄지손가락들을 클럽 위에 놓은 상태로, 양손이 서로 접해있지만 겹치거나 깍지를 끼지 않은 상태로 손을 클럽 위에 놓는 그립 방법. 베이스볼 그립과 동일
토우 샷(Toed Shot)	클럽의 앞쪽 끝에 가까운 중심으로 치는 모든 샷
토우(Tow)	클럽헤드의 끝부분
트러블 샷(Trouble Shot)	숲 속이나 러프 등 샷을 하기 어려운 위치에 공이 있을 때, 타구가 날아가는 방향에 장애물이 있을 때 등 곤란한 상황에서 하는 샷
티 샷(Tee Shot)	티잉 그라운드에서 공을 치는 것. 각 홀의 제1구에 해당
티 업(Tee Up)	각 홀의 제1타를 치기 위해 티에 공을 올려놓는 것
티 오프(Tee Off)	티에서 제1타를 치는 것
티(Tee)	각 홀의 제1타를 치는 장소 또는 제1타를 칠 때 얹어놓는 장치
티잉 그라운드(Tee Ground)	각 홀의 공을 처음 치는 구역
파(Par)	티잉 그라운드를 출발하여 홀을 마치기까지 정해진 기준 타수
팔로스루(Follow Through)	공을 친 다음 나머지 부분의 스윙 동작
팻 샷(Fat Shot)	클럽헤드가 공을 치기 전에 땅을 치는 샷
퍼팅라인(Putting Line)	그린 위의 볼과 홀인을 위해 예상되는 홀 컵 사이의 선
펀치 샷(Punch Shot)	클럽의 그립 끝이 클럽헤드보다 훨씬 더 앞으로 나와 있는 상태로 쳐서 클럽의 로프트가 감소된 상태로 친 낮은 궤도의 샷
페어웨이(Fairway)	티와 그린 사이의 잔디가 잘 깎인 지역
페이드(Fade)	볼이 왼쪽에서 오른쪽으로 약간 휘면서 날아가는 샷. 드로우(Draw)의 반대
푸시 샷(Pushed Shot)	비교적 똑바로 진행하지만 타깃의 오른쪽으로 향하는 샷
푸시 슬라이스(Pushed Slice)	목표지점의 오른쪽으로 가기 시작하여 그보다 더 오른쪽으로 구부러지는 샷
푸시 훅(Pushed Hook)	목표지점의 오른쪽으로 시작하여 다시 왼쪽으로 구부러지는 샷
풀 샷(Pulled Shot)	비교적 똑바로 진행하지만 타깃의 왼쪽으로 향하는 샷
풀 슬라이스(Pulled Slice)	목표지점의 왼쪽으로 가다가 다시 오른쪽으로 구부러지는 샷
풀 훅(Pulled Hook)	목표지점의 왼쪽으로 시작하여 그것보다 더 왼쪽으로 구부러지는 샷
프라이드 에그(Fried Egg)	벙커에 빠진 공이 모래 속에 들어가 달걀프라이 같은 상태가 된 것
프론트 티(Front Tee)	티잉 그라운드에서 홀과 가장 가까운 거리에 있는 티
프리 샷 루틴(Pre-Shot Routine)	골퍼가 클럽을 선택하고 나서 스윙을 시작하기 전에 끝마치는 일련의 과정
프린지(Fringe)	그린 주변을 일컫는 말

플랫 스윙(Flat Swing)	수평면에 가까운 스윙, 업라이트 스윙의 반대
플레인(Plane)	스윙궤도가 그려지는 공간
플롭 샷(Flop Shot)	갑작스러운 백스윙으로 올라갔다가 천천히 가파르게 내려오면서 클럽헤드가 볼 밑으로 미끄러지는 느슨한 손목으로 치는 피치 샷
피니시(Finish)	스윙의 마지막 자세
피봇(Pivot)	고정된 축 주위의 몸 또는 몸의 부분의 움직임. 보통 백스윙톱 때의 척추 둘레로 움직이는 몸의 회전을 표현할 때 사용
피치 샷(Pitch shot)	어프로치 샷의 일종으로 길고 높은 궤도를 그리는 샷
피치 앤드 런(Pitch and Run)	공을 낮게 띄워서 착지한 후 평소보다 더 많이 굴러가도록 치는 어프로치 샷
핀(Pin)	홀에 꽂힌 깃대
핀치 샷(Pinch Shot)	그린 주위에서 공을 날카롭게 내려쳐 백스핀을 많이 주어 착지 후 런이 거의 없도록 치는 샷
하프 스윙(Half Swing)	클럽의 정상조인 거리의 50% 정도만 나가도록 하는 샷
핸드 퍼스트(Hand First)	그립을 쥔 양손이 볼보다 앞쪽으로 나아가 있는 상태
헤드업(Head Up)	임팩트를 보지 못하고 미리 목표방향으로 머리를 들어 올리는 현상
호젤(Hosel)	클럽헤드와 샤프트가 만나는 부분
홀 아웃(Hole Out)	한 홀의 플레이를 마치는 것
홀인원(Hole in One)	티잉 그라운드에서 1타로 볼이 홀에 들어가는 것
훅(Hook)	오른쪽에서 왼쪽으로 구부러지며 날아가는 샷

장소 협찬 베어리버골프리조트
스마트KU골프파빌리온

핵심만 배우는 골프 Vol.4
벙커, 퍼팅 편

초판 1쇄 발행 2014년 9월 11일
초판 5쇄 발행 2022년 6월 20일

지은이 김해천
펴낸이 김영조
콘텐츠기획1팀 김은정, 김희현, 조형애
콘텐츠기획2팀 윤민영
디자인팀 정지연
마케팅팀 김민수, 구예원
경영지원팀 정은진
외부스태프 디자인 design group ALL
       촬영 이과용
       모델 김해천, 이보미
펴낸곳 싸이프레스
주소 서울시 마포구 양화로7길 44, 3층
전화 (02)335-0385/0399
팩스 (02)335-0397
이메일 cypressbook1@naver.com
홈페이지 www.cypressbook.co.kr
블로그 blog.naver.com/cypressbook1
포스트 post.naver.com/cypressbook1
인스타그램 싸이프레스 @cypress_book
       싸이클 @cycle_book
출판등록 2009년 11월 3일 제2010-000105호

ISBN 978-89-97125-58-6 14690
ISBN 978-89-97125-46-3 14690 (세트)

· 이 책은 저작권법에 따라 보호를 받는 저작물이므로 무단 전재 및 무단 복제를 금합니다.
· 책값은 뒤표지에 있습니다.
· 파본은 구입하신 곳에서 교환해 드립니다.